Amigas para siempre

**por Celeste White
ilustrado por Ronnie Rooney**

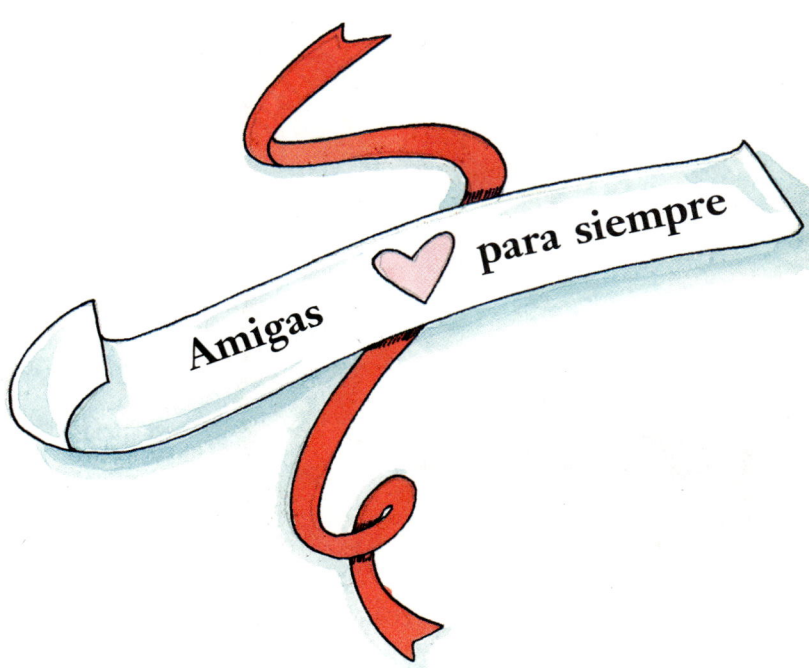

HOUGHTON MIFFLIN   BOSTON

Las mejores amigas

Jenny y Mai eran más que mejores amigas. Eran las mejores, mejores, MEJORES amigas. Habían sido vecinas toda su vida.

Cuando eran bebés, iban en sus coches juntas.

Cuando tenían tres años, aprendieron a compartir.

En primer grado, el día de disfraces, fueron a la escuela vestidas de osos mellizos.

Tanto a Mai como a Jenny les gustaban los perritos más que los gatitos. Las dos odiaban las remolachas. Las dos usaban anteojos. Y las dos medían 42 pulgadas.

Las dos tenían cabello oscuro también. El de Jenny era ondulado, y el de Mai era suavecito y lacio.

Mai se hacía rulos y más rulos en su cabello pero nunca le quedaba ondulado. Jenny se cepillaba el cabello una y otra vez pero nunca le quedaba lacio.

Jenny y Mai se escribían notas secretas. Las escondían en un viejo árbol de cerezas. Se divertían mucho desenroscando las tiritas de papel para ver lo que había escrito su mejor amiga.

Mai espera

Feliz cumpleaños
Tus regalos están debajo del porche.

Era el cumpleaños de Jenny. Mai sabía exactamente qué comprarle. Le compró a Jenny muchas cositas bonitas como moños para el cabello, cintas, pequeños ganchitos con mariposas y horquillas con conejitos.

Mai le escribió a Jenny una nota. La enrolló y la ató con una cinta roja, y la puso en el árbol de cerezas. Luego esperó.

Mai esperó toda la mañana pero Jenny no vino a agradecerle por los regalos de cumpleaños. Mai se fijó en el árbol. Su nota ya no estaba.

Después del almuerzo, Mai vio que paraban autos frente a la casa de Jenny. Se bajaban chicos de la escuela. Llevaban a la casa de Jenny cajas envueltas en papeles de vivos colores.

—¿Qué está pasando? —se preguntó Mai.
No podía creerlo. ¡Jenny estaba haciendo su fiesta de cumpleaños y no había invitado a Mai! Se sintió triste y enojada al mismo tiempo.

En la casa de Jenny, todos esperaban que comenzara la fiesta.

—No podemos empezar la fiesta hasta que llegue Mai —dijo Jenny.

—Entonces ve al lado y pregunta por ella —dijo su mamá—. Tal vez esté enferma.

Sorpresas de cumpleaños

Jenny fue a la casa de al lado.
¡Encontró a Mai sentada en el columpio!
—¿No vienes a mi fiesta? —preguntó Jenny. Tenía voz de enojada.

Mai se bajó del columpio de un salto.

—No me invitaste —dijo.

—Sí te invité —dijo Jenny.

—No, no me invitaste —dijo Mai—. Y ni siquiera me agradeciste por lo que te regalé.

—No me regalaste nada —dijo Jenny.

—Sí te regalé.

—¡NO! ¡No me regalaste nada!

— Te puse una nota secreta en el árbol —dijo Mai.

—Yo puse una nota secreta en el árbol para ti —le dijo Jenny.

Justo en ese momento se escuchó un aleteo que venía de arriba del árbol. Las dos niñas miraron hacia arriba. Vieron un pájaro posado en un nido.

—¿No hay una tirita de papel ahí arriba en ese nido? —preguntó Jenny.

—Sí, y veo también un moñito rojo para el cabello —dijo Mai.

—Te invité a la fiesta con una nota —dijo Jenny.

—Y ese pájaro usó nuestras notas y el moño para hacer su nido —dijo Mai.

—Ahora ven a la fiesta —dijo Jenny—. Tienes que ver lo que me hizo mi papá. ¡Es para el árbol de cerezas!

Entonces Jenny fue a la fiesta con Mai. La pasaron estupendamente.

A partir de entonces, Jenny y Mai pusieron pedacitos de cuerdas y de papel en el árbol para el pájaro. Y pusieron las notas para cada una en el buzón especial que le hizo el papá a Jenny para su cumpleaños.